ARCHITEXTO désigne une contribution singulière à la mise en place d'un soutien à la création architecturale. Ce projet invite conjointement un atelier d'architecture et un «écrivant» appelé à créer un texte original intégré au bouquin.

Neuf expositions et autant d'ouvrages balisent trois années (2006-2009), élargissant l'accès au travail de conception de l'architecte et d'écriture sur le sujet. ARCHITEXTO tend à dynamiser la réflexion collective sur la place de la création architecturale dans le champ de la culture.

ARCHITEXTO represents a unique contribution to the introduction of support for architectural creation. This project jointly invites an architecture workshop and a «writer» to create an original text incorporated with the book.

Nine exhibitions and as many works spread three years (2006-2009), broadening access to the architect's design and writing on the topic. ARCHITEXTO is designed to boost collective thought about the place occupied by architectural creation in the field of culture.

Pierre Hebbelinck,
Directeur du projet/Project manager

LE BOUQUIN / THE BOOK

DAMIEN HENRY
ARCHITECTE
■ /ARCHITECT

+BOULI
CINÉASTE
■ /MOVIEMAKER

LANNERS

_ **Sommaire**/Contents :

BOULI LANNERS, cinéaste

Bouli Lanners est né en Belgique en 1965, en face d'un verger. Peintre, autodidacte, il a multiplié tous les postes et tous les métiers sur les tournages avant de se rendre populaire sur Canal+ Belgique avec *Les Snuls*. Depuis lors, il enchaîne les seconds rôles au cinéma dans des productions belges et françaises, entre autres : *Les convoyeurs attendent* (B. Mariage, 1999), *Petites misères* (P. Boon et L. Brandenbourger, 2002), *Aaltra* (B. Delépine et G. Kervern, 2004), *Bunker Paradise* (S. Liberski, 2006), *Enfermés dehors* (A. Dupontel, 2006), *Quand la mer monte* (Y. Moreau et G. Porte, 2004), *Un long dimanche de fiançailles* (J.-P. Jeunet, 2004), *Cow Boy* (B. Mariage, 2007), *Où est la main de l'homme sans tête* (S. et G. Malandrin, 2008), *Astérix aux jeux olympiques* (T. Langmann, F. Forestier, 2008), *J'ai toujours rêvé être un gangster* (S. Benchetrit, 2008) et enfin dans *Louise Michel* (G. Kervern et B. Delépine, 2008).

Passé à la mise en scène, il écrit et réalise *Travellinckx* en 1999, un road movie en super 8 mm noir et blanc qui a fait le tour du monde des festivals. Deux ans plus tard, *Muno*, confirme la singularité du réalisateur. En 2005, il réalise son premier long métrage *Ultranova*, primé à la Berlinale, portrait tendre et ironique d'un groupe de paumés et regard décalé sur sa Wallonie natale. *Eldorado*, son deuxième long métrage, sort en 2008. Les nouvelles qu'il a rédigées dans le cadre de sa collaboration avec Damien Henry constituent son premier essai littéraire.

BOULI LANNERS, moviemaker

Bouli Lanners was born in Belgium in 1965, facing an orchard. Painter, self-taught, he held a wide variety of posts within the field of film until he won widespread popularity on Canal+ Belgique with "Les Snuls". Since his breakthrough, he has been seen in various roles in Belgian and French film productions, including: "Les convoyeurs attendent" (B. Mariage, 1999), "Petites misères" (P. Boon and L. Brandenbourger, 2002), "Aaltra" (B. Delépine and G. Kervern, 2004), "Bunker Paradise" (S. Liberski, 2006), "Enfermés dehors" (A. Dupontel, 2006), "Quand la mer monte" (Y. Moreau and G. Porte, 2004), "Un long dimanche de fiançailles" (J.-P. Jeunet, 2004), " Cow-Boy" (B. Mariage, 2007), "Où est la main de l'homme sans tête?" (S. and G. Malandrin, 2008), "Astérix aux jeux olympiques" (T. Langmann, F. Forestier, 2008), "J'ai toujours rêvé être un gangster" (S. Benchetrit, 2008) and, last but not least, in "Louise Michel" (G. Kervern and B. Delépine, 2008).

Moving to the production side, he wrote and directed "Travellinckx", in 1999, a black and white road movie in super 8 mm, which toured the festivals. Two years late appeared "Muno", that confirmed his unique quality as a director. In 2005, he produced his first full-length work "Ultranova", premiered at the Berlinale, a tender yet ironic portrait of a group of unusual characters, which offers a detached view of his native Wallonia. "Eldorado", his second full-length film, is released in 2008. The articles and reports he wrote in the framework of his collaboration with Damien Henry marked his first incursion into editing.

Damien Henry, architecte

Damien Henry (1969) est diplômé depuis 1991 de l'Institut supérieur d'architecture Saint-Luc de Wallonie à Liège. Il collabore à l'Atelier d'architecture du Sart-Tilman sous l'œil attentif de Claude Strebelle jusqu'en 1999, date à laquelle il fonde son propre atelier.

La production de Damien Henry a ceci de particulier qu'elle a porté, en début de carrière, sur des fragments d'architecture – une porte, un portail, une façade, un monument funéraire – avant de s'étendre à des programmes plus importants : extensions, habitations et logements multiples.

Cette pratique de la microarchitecture a fondé le processus créatif qu'il développera par la suite. Pour chaque projet, il se nourrit d'abord du contexte de la commande. Ce contexte est pluriel : il est à la fois physique, humain, administratif et économique. Une fois ces contraintes digérées, il cherche à les dépasser en proposant une architecture pleine de conviction. Naît ainsi une première forme, idéale en quelque sorte. Mais, par la suite, cette forme va affronter à nouveau le contexte de départ dans un jeu de va-et-vient incessant entre contraintes et désir. Quand ce mouvement s'arrête, la construction apparaît dans la lumière crue de la réalité. C'est le moment de la dépossession, de la satisfaction et des vains regrets.

Damien Henry, architect

Damien Henry (1969) graduated in 1991 from the Saint-Luc Institut Supérieur d'Architecture, in Liège (Wallonia). He played a key role in the Sart-Tilman architectural studio under the benevolent eye of Claude Strebelle, until 1999, when he established his own studio.

The key to Damien Henry's work is the fact that, at the start of his career, he concentrated on one particular architectural aspect – a door, a portal, a façade, a memorial – before moving on to larger projects : extensions, homes and multiple accommodation. This experience of micro-architecture laid the foundations of the creative process that he later developed. His friend Laurent Demoulin, of the Romance Philological Department of the University of Liège, explains : " With every new project his first step is to draw inspiration from the general context of the assignment. This context is multi-faceted : physical, human, administrative and economic. Having studied these various constraints, he seeks to overcome them through a thoroughly convincing architectural design. Thus the first concept is born, what we may call an ideal. But then this conception is again measured against the initial context in an incessant interplay between limitations and desire. When the process is complete, the construction is revealed in the cold light of reality. This is the moment of dispossession, satisfaction and futile regrets ".

s'arrêter

ouvrir l'oeil...

prendre le temps

de poser le regard

dans les interstices

de nos existences

trop bien ordonnées.

en ville, un atelier

(lieu où est transformée la matière première)

avec vitrine à rue

pour faire savoir...

douter, triturer, découper,

plier, tordre, déposer...

exposer, démontrer,

mettre en scène. convaincre.

enfin, accepter d'être dépossédé,

et laisser son travail

à l'usure du temps

et à l'usage des autres.

damien henry, avril 2008

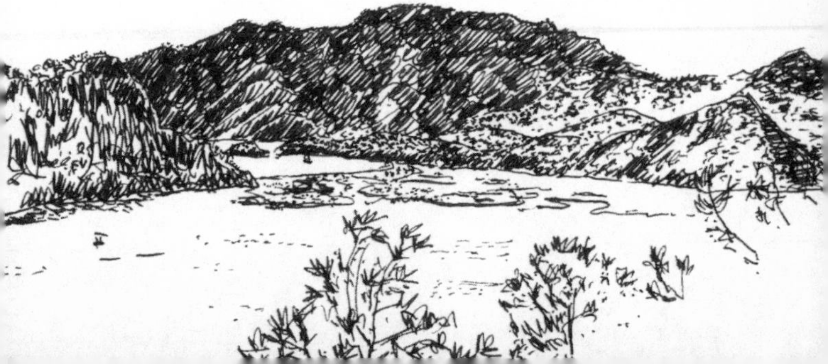

Толвохе.
07.2004

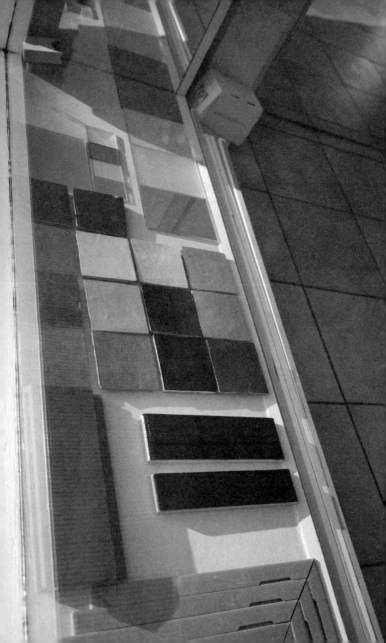

Portail d'accès Laval

2001-2002
« Au Péry » - Liège

Un sculpteur.
Nouveau portail à rue:
s'inscrire singulièrement
dans le contexte.
Signifier la fermeture tout
en laissant passer les
regards.
Inscrire le tout dans une
composition géométrique
rigoureuse.

Soulignons la synergie
avec l'atelier Melens-
Dejardin pour la
réalisation.

*Acier Cor-Ten – cuivre
patiné à l'acide*

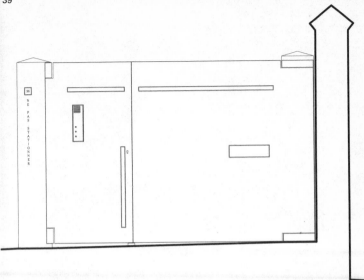

NE PAS STATIONNER

ELEVATION A RUE

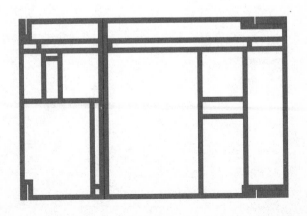

0   1 m

STRUCTURE INTERNE

41

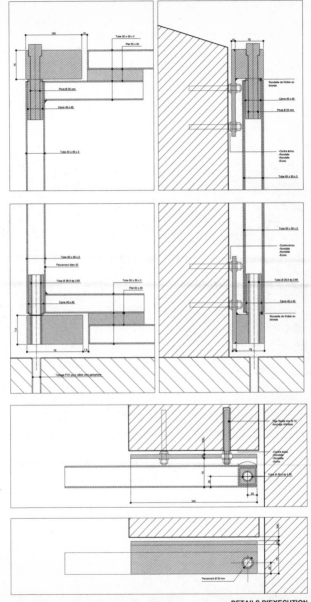

DETAILS D'EXECUTION

A sculptor.
A new portal giving on to street.
To make an outstanding contribution to the setting.
To give a message that the entrance is closed, yet be able to be looked through.
The whole to be fitted in a rigorously geometric configuration.

Cor-Ten weatherproof steel – acid-patina copper

Transformation Verschueren-Caeymaex/ en association avec l'architecte Niels Antoine

2002-2003
Liège

Un couple :
Elle, philosophe ; lui,
libraire.
Remplacer le garage par
une pièce de séjour dans le
prolongement de la salle à
manger existante. Une pièce
de vie sobre, lumineuse et
aérée en lien avec les mon-
des de la rue et du jardin.
En façade avant, tendre un
voile de mots devant les regards pour dire l'importance
d'être à la ville en préservant
le « chez soi » (Texte de
Alejo Carpentier).

*Bois peint en noir – vitrage
sablé avec texte – mobilier
peint en blanc*

ELEVATION A RUE
AVANT

APRES

0   5 m

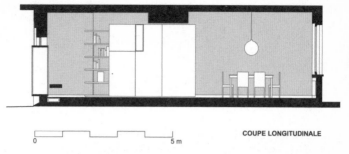

COUPE LONGITUDINALE

0   5 m

Les oiseaux revinrent à l'oeuf en un tourbillon de plumes. Les poissons se figèrent en frai, déposant une neige d'écailles au fond du bassin. Les palmiers plièrent leurs feuilles, disparurent sous terre comme des éventails refermés. Les troncs absorbaient leurs feuilles et le sol tirait à lui tout ce qui lui avait appartenu. Le tonnerre retentissait dans les vérandas. Des poils poussaient sur le daim des gants. La couverture de laine se détissait, arrondissant la toison de moutons éloignès. Les armoires, les secrétaires, les lits, les crucifix, les tables, les persiennes s'envolèrent dans la nuit, cherchant leurs anciennes racines au pied des forêts. Tout ce qui était cloué s'effondrait. Un brigantin, ancré on ne savait où, emporta en hâte vers l'Italie les marbres du dallage et de la fontaine. Les panoplies, les ferrures, les clés, les casserolles de cuivre, les mors des chevaux fondaient, grossissant un fleuve de métal que des galeries sans toit canalisaient vers la terre. Tout se métamorphosait, retournait à son état premier. La terre redevint terre, laissant un désert à la place de la maison.

CHÂSSIS A RUE

A couple : She, a philoso-
pher, He, a librarian.
Replace existing garage
by a living-room through
extending the existing dining-
room.
A sober, light and airy living-
room, well-integrated with
the worlds of the street and
the garden.
Front façade : a veil of words
should meet the eye, stres-
sing the importance of living
in town, yet preserving the
sense of privacy of the home
(Text from Alejo Carpentier).

*Black-painted wood – flecked
glass with writing on it – whi-
te-painted furniture*

Transformation Dejardin-Raucq

2003-2005
Liège

Changer les menuiseries
extérieures à rue d'une
maison de rangée.

Maintenir le caractère de la
façade par le traitement de
ses ouvertures : repousser
les châssis vers l'intérieur -
protéger de la lumière du
sud par des volets à la
française. Pour la porte, plier
de la tôle ; pour les volets,
la déplier et la tailladder pour
tamiser les lumières.

Soulignons l'implication
active de Gérard Dejardin
dans la conception et la
réalisation des ouvrages en
acier.

*Afzélia naturel – acier inox
sablé – vitrages clairs et
sablé*

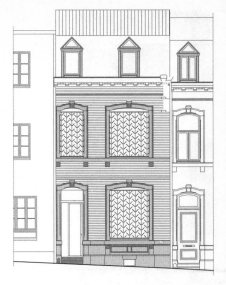

VOLETS FERMES

VOLETS OUVERTS

0   5 m

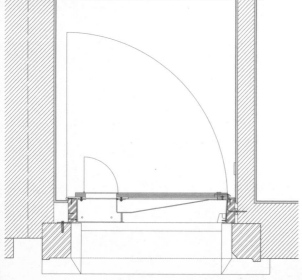

**PORTE
PLANS D'EXECUTION**

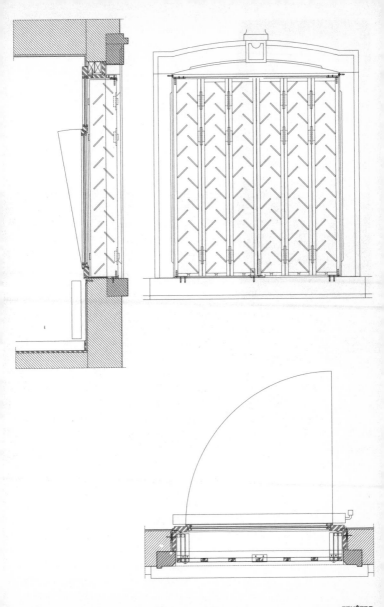

FENÊTRE
PLANS D'EXECUTION

Convert the external frontage
of a terraced house.
Retain the character of the
façade through sympathetic
treatment of apertures: push
frame back towards the
interior.
Protect from the sun from
the southerly direction by
installing French shutters.
For the door, folded sheet
iron ; for the shutters, unfol-
ded sheet iron, cut so as to
soften the light.

*Natural Afzelia – sanded
stainless steel – clear and
sanded glass*

✝

Mireille FOHN
"Mimi"
28.08.1970
31.12.2003

Tombe

2004
Waimes

Revenir au village.
Retenir et laisser échapper
les souvenirs.
Faire briller l'absence.
Transcender l'horrible.

*Grès d'Arkozes – inox sablé
doré à la feuille*

Plan

arge. Une

COUPE

Du trafic.

Return to the village.
Retain and release memories.
Express absence.
Transcend horror through
beauty.

*Sandstone of Arkozes – San-
ded stainless steel with gold
leaf*

Du bruit.
zoning av
Shoe-Post

Encore du bruit, deux trois autres merdes et puis un parking.
Un reste de pluie. Le vent souffle. Il fait froid.

Plan plus large.
Sur l'autre versant de la nationale, juste en face du petit zoning, un cimetière. Dans le cimetière, trois silhouettes devant une tombe.
Elles se recueillent ou alors elles font semblant. En tout cas de loin, on dirait qu'elles se recueillent.

On s'approche.
Trois silhouettes. Trois hommes.
Ils ne bougent pas.
Ils regardent une tombe, c'est tout.
Après un temps, le plus grand se tourne vers le plus petit.

-T'es sûr que tu veux toujours le faire ?
-C'est pour ça qu'on est venu non ?
-Oui. Enfin, on n'est pas vraiment venu pour ça.

Le petit le regarde.

Un petit

c son

son Lidl.

Le grand précise.
-*On est venu pour voir d'abord.*

Le petit soupire puis regarde à nouveau la tombe.
Silence.
Personne ne dit rien. Le vent souffle dans leurs dos.
Le grand regarde un peu partout autour de lui.
On dirait qu'il est inquiet.
Il finit par lâcher.

-*Parce que...*
-*Parce que quoi ?*
-*Ça a pas l'air aussi évident que tu nous l'avais
décrit.*
-*Je n'ai jamais dit que c'était évident.*
-*Oui mais moi je voyais ça quand même plus isolé.*
-*Plus isolé ? Mais enfin, si c'était isolé, je ne t'aurais
pas demandé de venir. C'est pas isolé et c'est bien ça
le problème.*

Le petit est contrarié.
Il tend le bras en montrant la route et le zoning.

*- T'as vu le bordel en face ? T'entends le boucan que
ça fait ? Ça n'arrête pas, c'est ça qui me rend dingue. Si c'était isolé, je t'aurais jamais appelé et on
en serait pas là.*

Il regarde le grand qui ne réagit pas. Ça l'énerve.

*-Putain je me suis assez expliqué là-dessus non, t'as
rien pigé ou quoi ?*

Le grand ne répond rien et regarde ses pieds.
Le petit se retourne vers la tombe.
Peu à peu la pluie s'arrête.
Pas le trafic.
Le grand regarde le zoning en face.
Il a toujours l'air inquiet.
Il réfléchit.

*-Y'a quand même beaucoup de monde qui peut nous
voir tu sais.*
*-Mais putain, on vient la nuit. Tout ça, c'est fermé la
nuit.*
-Oui. Je sais. Mais quand même.

Silence. Le petit rumine.
Un temps.
Il se tourne vers le grand.

-Qu'est ce que t' as ?
-Rien.
-Tu te dégonfles ?
-Non.

Le grand tire une drôle de tête.
Le petit l'observe.

-*Si. Tu te dégonfles.*
-*Non.*
-*Quoi alors ?*
-*Rien.*
-*Si. Quoi ?*
-*Mais rien.*
-*Si, je vois bien. Vas-y, crache.*

Le petit attend.
Gêné, le grand répond.

-*Rien. C'est simplement que c'est... bizarre. C'est tout.*

Le petit le regarde, il soupire.
La tension retombe.
Silence.
Il a l'air un peu triste maintenant.

-*Si tu ne veux pas m'aider je t'en voudrais pas.*

Le grand est mal à l'aise.
Le petit poursuit.

-*Je sais que c'est bizarre... Mais si tu crois que ça m'amuse de faire ça.*

Silence.
Le grand ne dit rien.
On entend le vent qui siffle.
Une grosse bourrasque les fait frissonner.
Le troisième qui n'a encore rien dit se manifeste.

-*Bon, faut se décider là les gars, ça caille vraiment trop et j'ai pas envie de me choper la mort. Surtout dans un cimetière.*

Le petit se tourne vers lui.

-Et qu'est ce que t'en penses toi ?
-Je pense surtout qu'il faut qu'on se décide parce que
là, j'en peux plus.

Ils restent un petit moment comme ça.
Ils réfléchissent.
Ils se regardent.
Le troisième poursuit.

-Moi je m'en fous, mais on va pas revenir encore une
fois en repérage. Ou bien on le fait, ou bien on le
fait pas, mais on se décide maintenant. Si on revient
encore une fois ici, c'est pour le faire.

Silence.
Le petit réfléchit, il jette encore un œil sur la tombe.

-Tu crois que ça ira pour déceler tout ça ?
-Faut juste exploser les joints puis remettre la dalle
en place.
-Ça se verra pas trop ?
-On remettra un peu la végétation devant et puis on
nettoiera. Dans un premier temps, ça suffira.
-Et après ?
-Après tu fais venir un type pour refaire tous les
joints.
-Comment je justifie ?
-Tu dis que ça a été mal fait et que le gel a tout pété.
Que t'as essayé de refaire toi-même et que t'y arrives
pas.
-Ouais...

Le petit réfléchit à ce que le troisième vient de dire.
En face, un long coup de klaxon n'attire même pas

leur attention
Un temps.
Le grand demande au petit.
-C'est un caveau ?
-Non.
-Les cercueils sont à combien de mètres?

Le petit ne comprend pas bien.
Le grand explique.

-De profond. Ils sont à combien de mètres de profond ?

Un temps.
Le petit réfléchit.

-J'en sais rien moi.
-Parce que ce serait bien de savoir.
-Et comment tu veux que je sache ça ?
-Tu n'as qu'à demander à ceux qui l'ont enterré.
*-Tu crois peut-être que je vais aller demander aux
pompes funèbres à combien de mètres ils les ont en-
terrés y'a trois ans ?*
*-Non, mais tu peux demander à plus ou moins com-
bien de mètres ils enterrent les morts dans le coin.*
-Qu'est ce que ça change dans le coin ou ailleurs ?
-La nature du terrain.

Le petit le regarde.
Le grand développe.

*-Si c'est un terrain schisteux, ils enterrent moins
profond par exemple.*
*-Tu crois qu'ils sont assez cons pour mettre un cime-
tière sur un terrain schisteux.*
-Ils n'ont peut-être pas eu le choix.
-Et pourquoi on a besoin de savoir ça ?

-Pour avoir une idée de combien de temps il faut
pour pelleter toute la terre. S'ils sont enterrés très
profond, ça prendra plus de temps.
-Ils les ont pas mis à dix mètres de profondeur,
j'imagine. Ils n'ont pas caché un trésor non plus.
-Oui mais c'est quand même bien de savoir plus ou
moins.
-Mais putain, pourquoi tu viens toujours avec des
trucs comme ça.
-Parce que j'aime bien avoir un maximum de don-
nées avant d'agir, j'ai pas envie de me faire choper
en train de déterrer des morts.
-Tu vois que tu te dégonfles.
-Je ne me dégonfle pas.
-Ah non ?
-Non je ne me dégonfle pas.
-Parce que ça y ressemble très fort
-Je te dis que je me dégonfle pas, je veux juste m'as-
sur....

Le troisième intervient.

-HO, HÉ... ON SE CALME LÀ !

Les deux autres se taisent.

-Putain, faut toujours que vous vous engueuliez,
c'est chiant à la fin... En plus c'est pas le moment
là, parce que ce serait bien d'être un peu discret.

Silence.
Le petit et le grand ont l'air un peu gênés.
Le troisième poursuit.

-Pour le moment on sait qu'on doit pelleter, c'est
tout.

-*Oui mais on doit aussi remettre tout en place.*
-*C'est pas un mètre de plus ou de moins qui changera, quoi que soit. De toute façon ça prendra toute la nuit.*

Le petit et le grand, penauds, ne disent rien.
Le troisième respire un grand coup et poursuit sur sa lancée.

-*On prendra trois pelles. Ça ira plus vite.*
-*Oui.*
-*C'est pas pour la place que ça prend dans la camionnette.*
-*Non.*
-*La camionnette, on la mettra derrière. On sort d'abord les deux cercueils et puis seulement on les porte jusqu'à la camionnette. Ça réduit la durée des va-et-vient.*
-*D'accord.*
-*Faudra être délicat pendant le transport, ils doivent être vermoulus.*
-*Qui ça ?*
-*Les cercueils.*
-*C'est juste.*
-*Faudra qu'on soit quatre pour porter. Mon frère viendra avec nous.*
-*Julien ?*
-*Oui.*
-*Après on rebouche et on se casse.*
-*Oui.*
-*On ne perd pas de temps parce qu'il y a de la route à faire avant d'arriver de l'autre côté et de terminer le travail.*
-*Oui.*
-*Ce qu'il y a de bien c'est que les nuits sont longues.*
-*Oui.*

-Mais elles sont froides.

Silence.
Chacun rumine ces paroles.
Une bourrasque les fait à nouveau frissonner. Ils en-
foncent leurs points au plus profond de leurs poches
et se raidissent.
On dirait trois piquets un peu inclinés maintenant.
Ils restent comme ça un moment en silence, ils réflé-
chissent, puis le grand dit timidement.

-Je prendrai aussi une pioche. Mon père en a une.

Pas de réaction.
Il continue.

*-Si le sol est gelé de l'autre côté, ce sera plus facile
de creuser avec une pioche. Il risque de faire encore
plus froid là-bas. C'est l'Ardenne.*

Silence.
Un temps.
Le petit finit par dire.

-Bonne idée.
Silence.
Le grand est content. Ça se voit. Le petit le regarde
du coin de l'œil, il est content aussi. Il sourit.
Le troisième lâche.

-Bon. Et ben, on dirait que c'est décidé là ?
-Il semblerait.
-Ouais.
-Très bien.

Un temps.

- *J'ai trop froid, je retourne à la bagnole... Passe-moi les clés.*

Le grand fouille dans sa poche, les trouve et les lui donne.
Le troisième redescend l'allée en trottinant. Il renifle un grand coup avant de disparaître.
Le grand reste encore un peu avec le petit.

-*Ça caille toujours dans les cimetières. Tu trouves pas ?*
-*Ouais.*
-*Même en été, c'est comme ça.*

Ils restent là, silencieux. Debouts, mais légèrement voûtés, les mains dans les poches.
Le grand regarde le petit.

-*Ça va ?*
-*Oui.*

Un temps.
-*Ils seront bien là-bas.*
-*Je crois.*

Un temps.
-*Je retourne à la voiture.*
-*D'accord. J'arrive.*
-*Ne reste pas encore des heures, ça caille.*
-*Ouais.*

Le grand descend l'allée pour rejoindre le troisième.
Le petit reste encore un peu devant la tombe de ses parents.
C'est vrai que le vent est froid.
En face, les voitures passent et repassent.
Ça fait toujours un boucan de dingue.

Un peu plus loin, sur le parking du Shoe-Post ou sur celui du Lidl, des voitures se garent, d'autres s'en vont et rejoignent la nationale.

Plus loin encore, des portes automatiques s'ouvrent et se ferment laissant entrer des gens, puis laissant sortir des gens qui retrouvent bientôt leurs voitures qui elles-mêmes rejoindront bientôt cette putain de nationale.

Mais le petit s'en fout maintenant.

Il regarde la tombe de ses parents et il n'y a plus que ça qui compte.

Bientôt il va venir les chercher et il n'aura plus, chaque fois qu'il vient se recueillir, à maudire ces connards de l'urbanisme et du conseil communal qui ont eu l'idée géniale de construire tout ce tas de merde de magasins pourris juste derrière le cimetière.

Il n'aura plus l'impression que pour tout repos éternel ses parents ont droit à une longue insomnie.

Bientôt il va les tirer de cet enfer pour les coucher dans un endroit magnifique qu'il a mis des mois à trouver.

Un petit terrain, une pâture, qu'il a acheté et qu'il loue à un monsieur. Un monsieur qui y met des chevaux. Enfin, il y met les chevaux de sa fille. Un petit terrain sans valeur vénale, avec une belle petite allée de bouleaux au milieu.

Il va les emmener et il se fout bien de savoir qu'il transgresse la loi en les enterrant là-bas. Alors ça, vraiment, il n'en a rien à foutre.

Personne ne troublera plus jamais leur repos, ça c'est juré.

Le petit est là, devant la tombe.

Il commence à avoir un peu le vertige.

Tout ça est tellement bizarre.

Et le vent est si froid.

Les autres attendent dans la voiture, il va falloir y aller.

Il se retourne et s'apprête à descendre l'allée mais soudain, la puissance d'un souvenir le submerge et le cloue sur place.
Il repense à sa mère qui l'embrassait le soir dans son lit tout en replaçant la grosse couverture qui pourtant était déjà bien mise en place. Il repense à son père qui, rentrant plus tard dans la nuit, ouvrait discrètement la porte de sa chambre pour le regarder. Il se souvient de combien il aimait faire semblant de dormir en sentant le regard rassurant de son père se poser sur lui.
Il ne bouge plus.
Debout, au milieu de l'allée, juste avant la descente qui le conduit vers la voiture, il prend conscience encore une fois que ses parents ne sont plus là.
Que personne ne le bordera plus jamais.
Debout, seul contre le vent, il se rend compte que ses parents lui manquent.
Lui manquent terriblement.
En face, le long de cette putain de nationale, un bus redémarre en chiant un gros nuage gris noir bien épais. Une voiture, toujours trop pressée, klaxonne.
Mais le petit n'entend plus rien.
Il s'en fout.
Il est là, au milieu de l'allée, au milieu du vent.
Et sans faire de bruit, il commence à pleurer.

Porte d'entrée de la Haye-Föhn

2004-2005
Ixelles

Nouvelle porte d'entrée à
rue : s'inspirer du contexte
et actualiser le modèle.
Redonner à la façade, le
caractère qu'elle a perdu.
Oser la ville en laissant
passer les regards.
Colorer la lumière.

*Acier peint – vitrage sablé et
films couleurs*

LEGENDE COULEURS DES FILMS

Couleurs choisies dans la gamme de vyniles translucides ASLAN, série CT 113

A - Couleur N°: 11357
B - Couleur N°: 11358
C - Couleur N°: 11373
D - Couleur N°: 11374
E - Couleur N°: 11359

DESCRIPTIF VITRAGE

Deux vitrages **similaires** de dimension 414 mm sur 2070 mm.
Vitrages feuilletés clairs 4.4.2 mm.
Face externe sablée (matification à l'acide) selon motif ci-dessous - 79 % de transmission de la lumière visible
Face interne : 5 bandes de vynil translucide de couleurs différentes selon motif ci-dessous.

Pose du vitrage selon NIT 221 - Pose des vitrages en feuillure. Largeur de la feuillure 16 mm.
Pose sur cales avec joint périphérique en mastic transparent sur fond de joint.

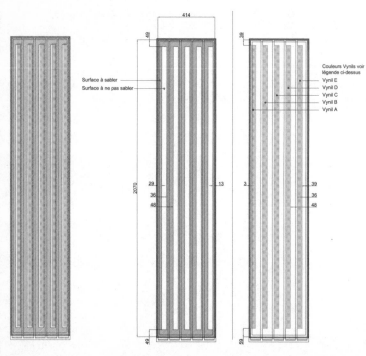

VUE DE L'EXTERIEUR
Superposition du sablage et des films vynils.

VUE DE LA FACE EXTERNE DU VITRAGE
Géométrie du sablage

VUE DE LA FACE INTERNE DU VITRAGE
Géométrie des films vynils

EXECUTION VITRAGE

85

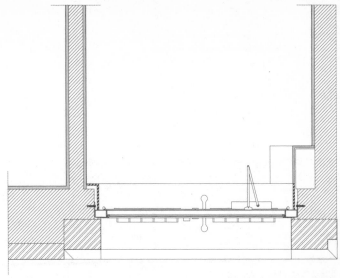

COUPE AU NIVEAU DE L'IMPOSTE

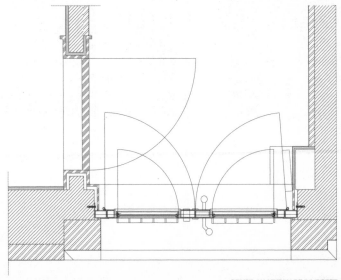

COUPE AU NIVEAU DE LA PORTE

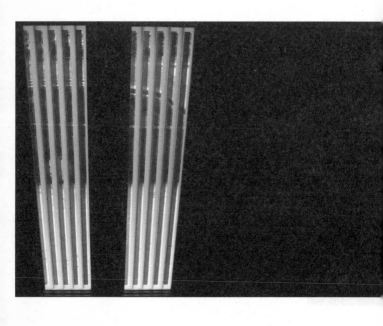

New entrance door on to
street : draw inspiration from
the setting and complete the
model.
Restore to the façade the
character it has lost.
Brave the town by permitting
the gaze to penetrate.
Colour the light.

*Painted steel – sanded glass –
coloured films*

Extension
Verschueren

1999-2002
Fléron

Ma première commande.
Extension à l'arrière du
bâtiment : un volume de
vie perché – une terrasse
attenante – un escalier vers
le jardin.
Recomposer les liens entre
la maison et le jardin.
Abriter les fonctions du
quotidien.
Magnifier les relations vi-
suelles et spatiales avec le
paysage.

*Cèdre naturel – zinc natu-
rel – béton brut – acier
galvanisé*

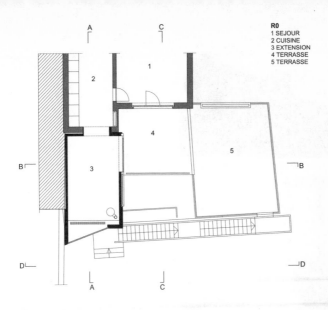

R0
1 SEJOUR
2 CUISINE
3 EXTENSION
4 TERRASSE
5 TERRASSE

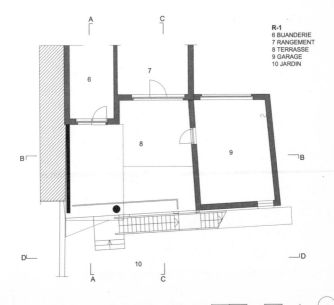

R-1
6 BUANDERIE
7 RANGEMENT
8 TERRASSE
9 GARAGE
10 JARDIN

0   5 m

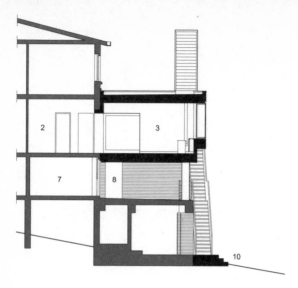

COUPE AA

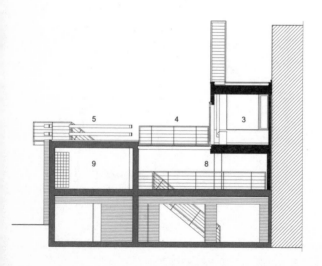

COUPE BB

4	1
8	7

COUPE CC

COUPE DD

My first assignment.
Extension at the rear of
the building : high living
area, with abutting terrace
and stairway leading to the
garden.
Re-establishment of the link
between house and garden.
Accommodate everyday
functions.
Enhance visual and spatial
relationship with the sur-
rounding landscape.

*Natural cedar – natural
zinc – rough concrete – gal-
vanized steel*

Maison
Delanaye-Distexhe

2004-2007
Hannut

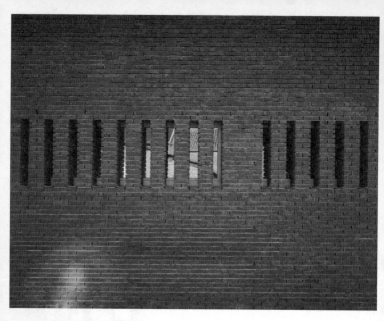

Maison pour couple avec
trois enfants.
S'installer dans le tissu délié
d'un village de Hesbaye.
Inscrire le bâtiment
dans l'histoire du lieu en
conservant les six piliers
d'une grange existante.
Les faire revivre en tant que
témoins de la vie familiale.
Les encadrer par deux
volumes archétypaux aux
ouvertures singulières.

*Briques terre cuite –
aluminium peint – ardoises
naturelles – zinc prépatiné*

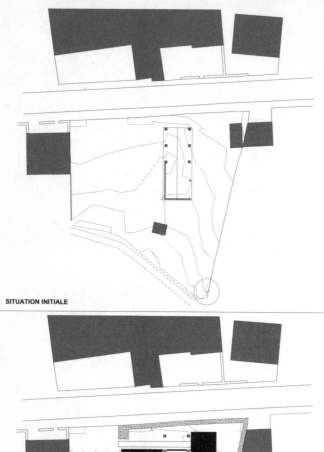

SITUATION INITIALE

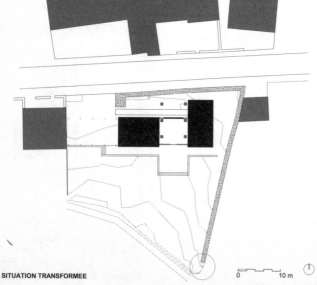

SITUATION TRANSFORMEE

0   10 m

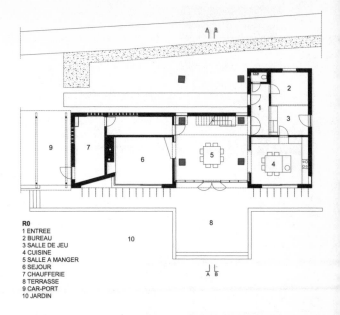

R0
1 ENTREE
2 BUREAU
3 SALLE DE JEU
4 CUISINE
5 SALLE A MANGER
6 SEJOUR
7 CHAUFFERIE
8 TERRASSE
9 CAR-PORT
10 JARDIN

R+1
11 CHAMBRE
12 SALLE DE BAIN
13 BUANDERIE
14 VIDE SUR SALLE A MANGER

0   5 m

FACADE SUD

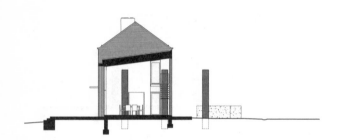

COUPE AA

FACADE EST

FACADE NORD

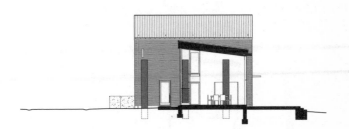

COUPE BB

FACADE OUEST

First home for a couple with three children.
Integrate within the context of a village in Hesbaye.
Integrate the building preserving the historical character of the location, retaining the six pillars of an existing barn and giving them a new lease of life within a family home. Frame them with two archetypical constructions with striking apertures.

Terra cotta brick – painted aluminium – natural slate – pre-patina zinc

Transformation
Dubart-Lamalle

2004-2006
Liège

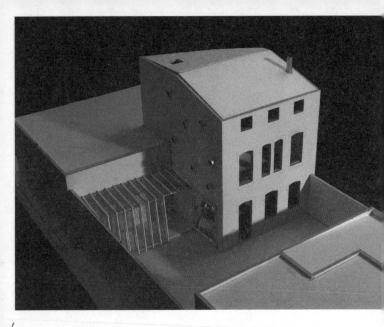

Une maison de week-end
en ville pour un couple avec
deux enfants.
Interventions ponctuelles
sur l'enveloppe pour prises
de vues et de lumières.
Mise en valeur brutale des
volumes existants pour
révéler les espaces.
Servir les fonctions et
amener du confort par le
mobilier.
Ajout d'une cabane-lanterne
de jardin en fond de
perspective.

*Gobetis de chaux sur murs
existants – mobiliers :
béton – merbau – panneaux
multiplis bouleaux – acier
brut – acier rouillé*

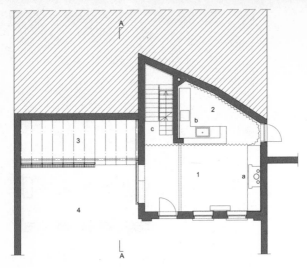

R0
1 PIECE A VIVRE
2 CUISINE-BAR
3 CABANE DE JARDIN
4 JARDIN

a FEU DE BOIS
b MEUBLE DE CUISINE
c ESCALIER

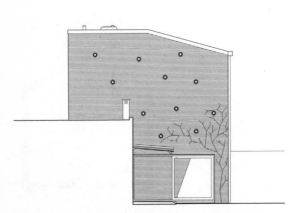

COUPE AA

■ 11

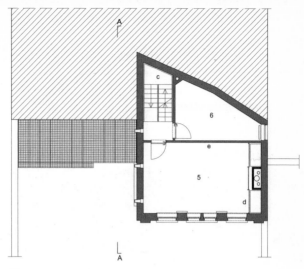

R0
5 SALLE DE JEUX
6 SALON INTIME

d MOBILIER INTEGRE
e HABILLAGE DU
   COLOMBAGE

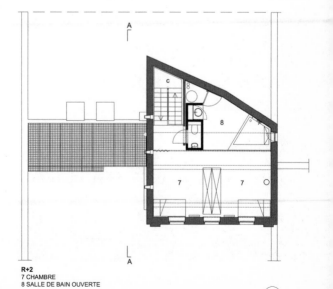

R+2
7 CHAMBRE
8 SALLE DE BAIN OUVERTE

0   5 m

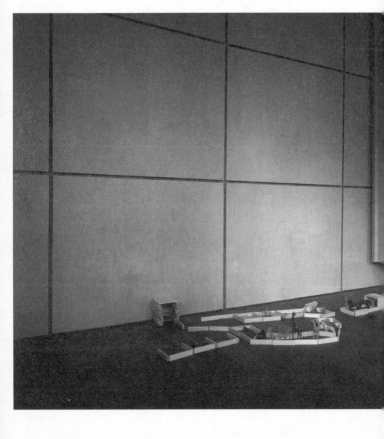

A weekend home in town,
for a couple with two children.
Considerations of light and
vision present special requi-
rements for the exterior.
Strong development of existing constructions to reveal
space.
Furniture to combine the
functional with comfort.
Addition of a garden cabin
away from the main dwelling
house.

*Rough-cast lime on existing
walls – furniture : concrete
– multi-ply birch panels – un-
treated steel – aged steel*

21A

JANCLAES

Transformation
Janclaes

2005-2007
Tilff

Une dame souhaitant
« du changement, du
contemporain sur une
façade d'opérette ».
A rue, remplacer l'auvent-
balcon existant par un
élément d'expression
abstraite et légère. Opérer
un décalage de style avec
le souci de maintenir une
lecture d'ensemble.
A l'arrière, percer la toiture
et les combles pour
amener une lumière dorée
dans l'axe du hall d'entrée.

*Acier Cor-Ten – vitrage
clair – afzélia naturel –
panneaux multiplis dorés*

J'adore le lin. Enfin, non.

En fait, le lin, je m'en fous.

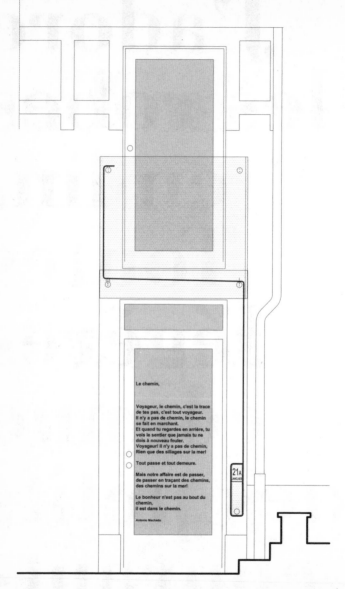

Le chemin,

Voyageur, le chemin, c'est la trace
de tes pas, c'est tout voyageur.
Il n'y a pas de chemin, le chemin
se fait en marchant.
Et quand tu regardes en arrière, tu
vois le sentier que jamais tu ne
dois à nouveau fouler.
Voyageur! Il n'y a pas de chemin,
Rien que des sillages sur la mer!

Tout passe et tout demeure.

Mais notre affaire est de passer,
de passer en traçant des chemins,
des chemins sur la mer!

Le bonheur n'est pas au bout du
chemin,
il est dans le chemin.

Antonio Machado

21A
JANCLAES

ELEVATION AUVENT/BALCON A RUE

J'adore les robes en lin. Toutes légères comme des petits courants

d'air frai
quand ell

J'adore en porte

A special assignment from a lady desiring "changes, and a contemporary effect on a façade out of an operetta". Street side : replace porch-balcony by a light, abstract construction. Open up the style, while striving to maintain an overall impression of unity.

At the rear : pierce the roof and roofing timbers to permit a golden light to fall in the axis of the entry hall.

Cor-ten weatherproof steel – clear glass – natural Afzelia – multi-ply gilded panels.

une et qu
face de m
devant la

J'adore le printemps.

Les premiers rayons du soleil.

J'adore quand ces rayons viennent l'éclairer par derrière, qu'elle est en contre-jour, toute en transparence et que je peux voir à travers sa petite robe.

Tout.

Tout pour moi tout seul.

Le contour de ses cuisses généreuses.

Le petit pli qui se forme sur le côté quand elle se déhanche légèrement sur la droite.

La forme de sa culotte.

Je devine même la texture veloutée de sa lingerie.

Mes yeux se baladent, montent et descendent dans ce périmètre bien défini qui ne va jamais beaucoup plus haut que le milieu de son ventre, et jamais beaucoup plus bas que le dessus de ses genoux.

Mes yeux se baladent et ne s'ennuient pas.

Je n'arrive même plus à me concentrer sur autre chose.

Pourtant il faudrait.

Il faudrait que j'arrête de la regarder comme ça parce qu'elle va remarquer que je la mate et que je ne l'écoute pas.

elle est en
oi, debout
enêtre.

Il faudrait que je regarde son visage et non son bas-
sin quand elle me parle.
Et là, ça fait un moment qu'elle me parle.
Allez, concentre-toi sur ce qu'elle dit.
J'arrive enfin à décrocher mon regard de cette
splendide paire de hanches, à remonter le long de son
corps pour enfin échouer sur son visage.
Elle est debout devant moi. Magnifique.
Elle vient de terminer un long monologue en me re-
gardant et je me rends compte que je n'ai absolument
rien écouté de ce qu'elle à dit.
Elle est là, elle me regarde en silence.
Le temps s'est arrêté.
Le moment est beau.
Et là, elle me dit...

-Alors, qu'est ce que vous en pensez ?

D'un coup je me réveille.
Merde. De quoi elle parle ?
Aucune idée.
Le vide.
Je ne sais absolument pas quoi répondre.

Pendant un court instant, je me dis même qu'elle me parle de ses hanches. Elle a peut-être remarqué que je n'écoutais rien et que je me rinçais l'œil.
Mais c'est pas ça. Elle ne me le demanderait pas comme ça.
Il doit certainement s'agir d'autre chose. Oui, mais quoi ?
Je dois répondre quelque chose...
Je suis ici pour ça.
Elle attend.
Vite.
Tant pis, je me lance... Au hasard.

-Faut voir.

Silence.
Elle me regarde d'un air sévère.
Le temps s'est à nouveau arrêté, mais cette fois ça paraît beaucoup plus long.
J'ai foiré ? J'attends le verdict.
Silence.
Presque triste, elle me dit alors...

-Oui. Vous avez raison, ce n'est peut-être pas une très bonne idée.

Ouf.
Elle se retourne et se dirige vers la cuisinière.
Elle prend la bouilloire.
L'eau doit être encore chaude.
Elle en remet un peu dans sa tasse.
Oh là là. Mais qu'est ce qui m'arrive moi ? J'ai rien saisi.
C'est ma cliente. Ma cliente bordel. Faudrais pas que je l'oublie.
Je réfléchis.

Je fais sûrement une crise de printemps.

Ouais, ça doit être ça.

Il faut que je me ressaisisse, faire quelque chose pour masquer mon trouble et gagner un peu de temps.

Les derniers plans que j'ai amenés sont toujours sur la table, je me penche dessus en faisant mine de me concentrer.

Un temps.

Je crois que ça passe.

Il faut que je fasse gaffe.

L'année passée aussi, j'ai eu une grosse crise de printemps.

Et j'ai perdu un contrat.

C'était un des premiers jours de douceur.

Une de ces journée où l'on se sent enfin dégagé de l'hiver et où le vent ne vous mord plus.

C'était le troisième rendez-vous que j'avais chez cette dame.

Je lui avais fait part des petits changements opérés sur les plans initiaux. Elle avait l'air d'apprécier mon travail.

J'étais assis à côté d'elle.

Pendant qu'elle regardait mes plans, moi je regardais sa nuque et j'ai commencé à me sentir bizarre.

Ensuite je suis parti prendre quelques mesures à l'étage.

Sa chambre à coucher était là.

La porte était ouverte et j'ai regardé à l'intérieur.

Une chambre de femme mûre. Une femme avec beaucoup de charme. Une femme seule.

Je me suis invité et j'ai pénétré dans la chambre.

Là debout devant son grand lit, j'étais fasciné. Ce grand lit pour cette femme seule, toute cette place rien que pour elle.

Son intimité me troublait.

- Une crise de printemps -

Alors je me suis mis à fouiller sa garde-robe, j'ai palpé ses habits, j'ai senti son parfum. Je ne sais pas pourquoi. Je n'avais jamais fait ça auparavant.
Puis j'ai découvert son rayon lingerie, c'était le deuxième tiroir en partant du haut.
Mon cœur battait de plus en plus vite.
Mes mains caressaient ses dessous et j'avais l'impression que c'était elle que je caressais.

Je suis reparti avec un trophée, planqué dans ma poche.
Une paire de bas.
Pas des chaussettes.
Non.
De beaux bas noirs en nylon.
Je suis rentré chez moi, je ne me rappelle plus très bien ce qui s'est passé ce soir-là, mais je me suis endormi tôt.
Le lendemain matin au réveil, l'horreur. J'avais dormi avec les bas.
Je veux dire, pas dormir simplement avec les bas à côté de moi. Non.
J'avais enfilé les bas de cette dame pour dormir.
Et là j'ai flippé.
Je me suis ressaisi, je me suis levé, j'ai jeté les bas et j'ai pris une douche.
J'étais gêné comme un voleur.
Résultat, je n'ai jamais osé retourner chez cette elle.
J'ai inventé une vague excuse et j'ai abandonné le projet.
C'est nul.
Je me suis juré que ça n'arriverait plus.
Je suis un jeune architecte, mais un architecte sérieux.

Ouais.

- Une crise de printemps -

Et puis le printemps qui revient, précoce cette année.
Et puis ce rendez-vous aujourd'hui, cette autre dame,
cette robe en lin et ce contre-jour.
Merde.
J'ai peur de faire une rechute.
Je crois que j'ai perdu le fil des évènements pendant
une durée relativement longue. Je ne sais pas très
bien.
En tout cas, il ne faut rien laisser transparaître.
J'essaye de me concentrer, je fais semblant de regar-
der un détail bien précis sur mes plans. Je plisse un
peu les yeux.
J'espère qu'elle ne s'est rendu compte de rien.
Je jette un œil discret dans sa direction. Non. Elle
sirote son thé tranquillement, elle est perdue dans ses
pensées.
Oups, elle croise mon regard.
Trop tard.
Elle m'a vu.
Merde.
Elle revient, se plante devant moi et me regarde pen-
dant un long moment.
Elle baisse les yeux puis dit doucement.

-Vous savez, j'ai bien réfléchi. Moi je crois que c'est
une bonne idée. Je me rends compte que tous les
changements dont je viens de vous parler... J'y tiens
vraiment beaucoup.

Je n'ose pas bouger.
C'est la merde.
Je ne sais absolument pas de quoi elle parle.
Je déglutis.
Elle relève la tête doucement et me regarde dans les
yeux.

-Je me suis livrée à vous comme on se livre à un confident alors que je ne vous connais pas. Ce que je viens de dire, ce ne sont pas des choses que je dis souvent, c'est très intime et ce n'est pas dans ma nature de me dévoiler comme ça. Bien au contraire. Je ne ferais pas ça si je n'y tenais pas, si ce n'était pas une bonne idée.

C'est un peu le rêve de ma vie que je vous ai exposé là et je pense qu'il est tout à fait compatible avec le type de projet que vous me proposez.

Je sais que ça peut paraître un peu fou et je n'osais pas vous en parler, mais voilà, maintenant c'est fait, je me suis jetée à l'eau. Je vous ai tout dit.

Je me liquéfie sur ma chaise.
Elle arbore un grand sourire soulagé.
Moi un grand sourire pétrifié.
Et sans le savoir, avec beaucoup de douceur, elle enfonce définitivement le clou.

-Alors franchement ? Est ce que ça vous parle ? Dites-moi. J'ai besoin de savoir.

Merde.
Je suis cuit.
Noir.

Je suis au volant de ma voiture.
Les jours rallongent, mais le soleil est déjà bas.
Je ne sais pas si je vais rentrer directement chez moi, j'ai envie de boire quelque chose.
La route défile devant me yeux comme un générique de fin.
La lumière est radieuse.
Dans les bocages, on a élagué. Du saule, du charme, des haies. Puis on a brûlé aussi.

Dans les prairies, quelques petits tas de braises déga-
gent encore un peu de fumée. J'adore cette odeur.
Le soleil descend vite.
C'est le printemps.
Je crois que je vais aller boire un grand verre chez
Mousse.

Extension
Henquet-Decocq

2006 - en cours
Juprelle

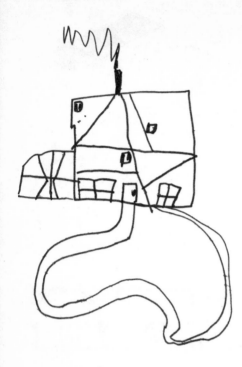

Un couple avec deux enfants.
Etendre l'habitation pour accueillir les usages complémentaires suivants : salle de jeux – bureau – rangement vélos et Carport.
Dialogue critique avec un volume existant témoin de la banalisation de l'habiter.
Plissement de la peau définissant les fonctions.
Recadrage géométrique par un portique de facture classique.
Toiture plate « habitée » par des lanterneaux.

Soulignons l'excellent dialogue avec les autorités communales et régionales qui ont apporté leur soutien au projet et ont permis de l'enrichir.

Panneaux composites bois/bakélite – aluminium anodisé – acier galvanisé – membrane bitumineuse

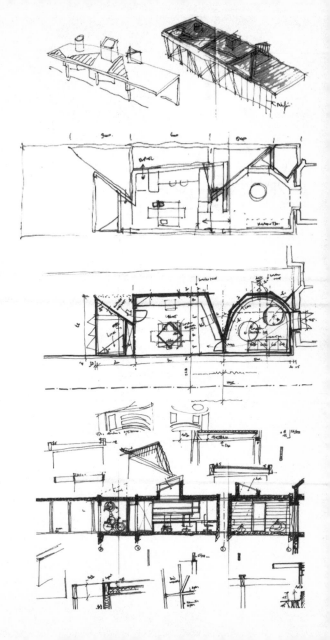

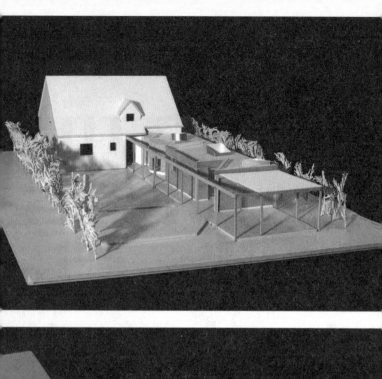

Y'a deux choses qui me pourrissent la vie depuis que je suis petit. La première :

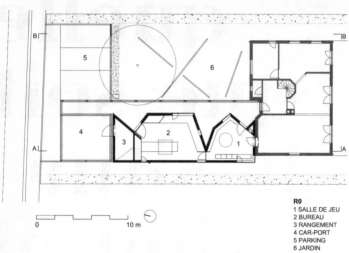

R0
1 SALLE DE JEU
2 BUREAU
3 RANGEMENT
4 CAR-PORT
5 PARKING
6 JARDIN

0   10 m

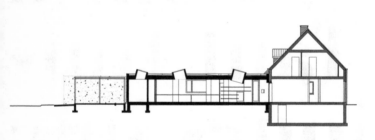

COUPE AA

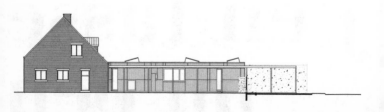

COUPE BB

quelle
que soit
la situa-
tion, il
faut tou-
jours que
j'en fasse
un peu

trop. Je n
Quand que

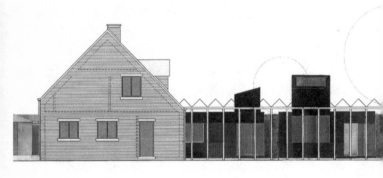

explique.
lque chose

A couple with two children
Extend living space to accommodate the following
additional functions : Play
room – office – carport and a
cycle-storage space.
Critical dialogue with existing
construction, indicative of
the initial lack of lustre of the
dwelling.
Folding of the skin defining
the various functions.
Geometrical reframing through a portico in the classical
style.
Flat roof enlivened by sky-
lights.
Mention should be made of
the excellent co-operation
with the local and regional
authorities, whose support
enabled the project to be
more fully realised.

*Composite wood/ bakelite
panels – anodised aluminium
– galvanised steel – bitumi-
nous membrane*

prend for
nière nat

harmonieuse ou quand une relation se construit de
façon positive, et bien, juste avant le dénouement,
qui pourtant s'annonce heureux, il faut que j'en
remette une couche. Le petit truc de trop. Et je finis
par tout foutre en l'air.
C'est plus fort que moi.

La deuxième : depuis toujours, pendant certaines
courtes périodes, je n'arrive pas à pisser droit.
Je ne sais pas pourquoi et je ne sais rien y faire.
Je commence, et puis, sans crier gare, hop, ça dévie
complètement à gauche ou à droite, et malgré moi,
j'en fous partout.
Ça peut paraître idiot, mais c'est très embêtant.

Là justement, depuis une semaine, je suis en pleine
crise.

J'ai appris qu'il ne faut jamais prendre le volant
quand on doit uriner. C'est dangereux.
C'est pas que ça déconcentre. Non. Mais en cas
d'accident, le choc peut éclater la vessie remplie et
infecter tous les organes.
Ça, en plus de toutes les lésions provoquées par le
crash.
La merde quoi.
Depuis, je mets un maximum de chances de mon
côté et je prends toujours mes précautions avant de
conduire.
Ou que je sois, avant de reprendre la route, je pisse.

ne de ma-
relle et

C'est comme ça.
Un point c'est tout.
Sauf ici.
Je n'ose pas.
Pas chez ces gens-là.

Pourtant j'en ai vraiment besoin.
Mais je suis en pleine crise et ça ne sert à rien d'insister. Je sais très bien qu'à peine le jet parti il va dévier sur la droite ou sur la gauche. Et si je veux être sûr de ne pas tout dégueulasser chez eux, il faudrait que j'applique ma technique.
Mais pas ici.
Vraiment, je n'ose pas.
Cette famille me stresse.

Je vous explique quand même ma technique.
Tout en maintenant le torse bien droit, il faut plier doucement les jambes de façon à réduire au maximum la distance que doit parcourir l'urine, de la sortie de l'orifice pénien à l'entrée de la cuvette.
Quand on estime que la distance est suffisamment courte, on lâche tout.
Si on entend un petit clapotis au fond de la cuvette, c'est bien. C'est que le jet est bien centré. On sait alors qu'il reste un peu de marges sur la gauche ou sur la droite, mais on ne bouge plus. Même si ça tire dans les muscles des cuisses.
Quand le flot devient moins régulier, c'est que la pression diminue. Phase critique.

On fait alors pivoter tout son corps légèrement vers l'avant pour combler cette différence de pression et maintenir ainsi le jet bien au-dessus du centre de la cuvette. On attend que tout soit bien évacué.
Ensuite, seulement, on peut se relever en se félicitant du résultat : pas une goutte sur le bord.

Je n'ai jamais supporté entendre les filles dire :
« Les mecs c'est vraiment des porcs, savent pas pisser droit ou quoi !? ».
C'est pourquoi, en temps de crise, j'applique ma technique.
Mais pas ici.
La simple idée qu'un des leurs puisse ouvrir la porte par inadvertance et me surprendre dans cette position...
C'est hors de question.
Je ne peux pas.
Donc... Je ne pisserai pas ici.
Je ferai ça plus loin, sur la route.
Ma décision est prise.
Voilà.
Je n'ai plus qu'à attendre.

Eux, sont toujours là.
A l'entrée du salon ils me regardent, serrés les uns contre les autres comme une famille de Lemmings juste avant le suicide collectif.
Ça devient gênant.
Et madame qui ne revient pas avec mon costume.
Qu'est-ce qu'elle fout ?
Il n'est quand même pas si grand que ça leur living.
Déjà que c'est humiliant comme situation. : « Venir rechercher ses affaires ».
Mais là, on dirait qu'ils bloquent l'entrée du salon pour être sûr que je n'y retourne plus. Qu'ils veulent me maintenir le plus près possible de la porte de sortie pour être certain que je me casse au plus vite.

Quand même.
Un peu de décence.

La tête du père tout à l'heure, quand il a enfin osé me
dire du bout des lèvres qu'ils avaient déjà contacté
un autre architecte. J'ai cru qu'il allait faire une
rupture d'anévrisme.
Pauvre type va.
C'est moi qui devrais être gêné pour lui et pas le
contraire.
Alors qu'ils arrêtent de me regarder comme ça.
Ça commence à m'énerver.
Ils ont pitié de moi, c'est ça ?

Mais oui, c'est ça !
Un animal blessé dans son amour-propre. C'est ça
qu'ils ont l'impression de voir.
C'est ça qui excite leur curiosité malsaine.
Blessé ?
Pas du tout !
Qu'est ce qu'ils croient.
Si j'avais été blessé, j'aurais pu me venger.
J'aurais pu par exemple... J'aurais pu allez pisser
dans leurs toilettes et en foutre partout.
Voilà.
J'aurais pissé devant, derrière, sur le mur, sur la
porte. J'aurais même pu pisser sur leurs rouleaux de
papier-cul.
Mais je ne l'ai pas fait.
Non.
Au contraire, ça fait une demi-heure que je me re-
tiens.
Et en plus je prends un risque insensé en prenant ma
voiture la vessie remplie.
C'est dire si je ne suis pas blessé.

Un peu déçu.
Ça oui, je ne le cache pas.

J'ai quand même travaillé deux mois sur leur projet.
Et pas évident au départ ce projet.
Bel exercice de reconversion mais pas évident.
Dans un quartier neuf qu'on pourrait qualifier de
« déjà mort », essayer de refaire d'une maison relati-
vement médiocre, la leur, quelque chose qui ressem-
ble à de l'architecture. Tout ça en respectant scrupu-
leusement le diktat du « Code Wallon d'Aménagement
du territoire, de l'Urbanisme et du Patrimoine » et en
faisant le moins cher possible.
Vraiment pas évident.
Parce qu'il faut voir la maison.
Et puis faut voir le quartier aussi. C'est quelque
chose.
Un vrai challenge.
Deux mois de boulot.
Pour rien.
Tant pis.
C'est le jeu.

J'aurais peut-être dû présenter le projet fini de ma-
nière plus conventionnelle.
Oui.
Leur montrer simplement les plans. Ils les auraient
regardés, ils n'auraient rien pigé, mais ça les aurait
rassurés.
Ou alors leur montrer une maquette. Ça marche tou-
jours ça les maquettes. C'est propre, c'est blanc, c'est
tout petit, les enfants adorent, les parents s'atten-
drissent.
Vous ne pouvez pas imaginer le nombre de projets
publics de merde qu'on a réussi à faire passer rien
que parce qu'on en a exhibé une maquette.
Les gens aiment les maquettes.
Les échevins adorent poser devant les maquettes.
J'aurais dû faire une maquette.
Mais non.
Moi j'ai voulu innover, amener quelque chose de

frais, drôle, ludique.
Mais les gens n'aiment pas ça.
Alors ils flippent.
Et c'est sûrement là qu'ils ont flippé. C'est à la présentation du projet.
La semaine passée.
Avec mon costume.
Ils ont dû se dire : « Ce type est complètement malade ».
Parce que la seule chose, qu'on peut me reprocher, éventuellement, c'est la présentation du projet.
C'est là que j'ai peut-être dérapé.
J'en ai fait un peu de trop.
J'ai voulu faire bien et finalement ils ont eu peur.
Et une fois que les gens ont peur, c'est foutu.
Toute cette belle relation de confiance qu'on essaye de tisser petit à petit au fil des rencontres s'écroule et on se retrouve seul.
Avec son beau projet.
Tant pis.

Alors ?
Qu'est ce qu'elle fout la mère avec mon costume ?
Ça devient long là.
Et en plus je dois pisser.
J'espère qu'ils ne me l'ont pas abîmé.
Déjà que j'en ai chié pour trouver un costume de kangourou à ma taille, si en plus je dois laisser une partie de la caution.

Ah la voilà.
Enfin.
Elle me le tend.
Merci.
Je le prends.
Je vérifie que toutes les marionnettes sont toujours bien dans la grande poche. Une, deux, trois, quatre.
Le compte est bon.

- De deux choses l'une -

Quand même, deux mois de boulot plus une location pour rien, ça fait un peu chier.
Je replie le tout comme je peux.
C'est pas facile de replier un costume de kangourou rempli de marionnettes, surtout devant une famille qui vous regarde et qui ne fait rien pour vous aider.
Deux mois complets de ma vie pour cette famille ingrate.
Gnignigni.
J'arrive enfin à mettre le tout sous mon bras gauche.
Je me retourne.
Je regarde monsieur et m'avance vers lui d'un pas décidé.
Il ne s'attendait pas à ça.
Il esquisse un petit mouvement de recul, il croit sans doute que je vais lui casser la gueule.
Mais non.
Imbécile.
Je lui tends ma main libre, bien franche, je lui souris chaleureusement et je lui dis...

-Et bien au revoir et bonne chance pour la suite.

Il ne s'attendait pas à ça.
Il lui faut un petit temps pour reprendre ses esprits.
Je garde mon bras impeccablement bien tendu et ma main ouverte.
Il n'a pas le choix.
À contrecoeur, il fourre la sienne dans la mienne et je la serre. Normalement, pas trop fort.
Au bout d'un petit moment, il finit par articuler...

-Je... Je suis... C'est dommage que ça n'ait pas fonctionné entre nous.

Je garde sa main bien au chaud dans la mienne et très décontracté, je lui réponds...

-*Mais non, il ne faut pas être désolé monsieur. C'est le métier qui veut ça. Ça nous arrive tout le temps vous savez.*

Ça l'arrange bien que je dise ça.
Lâche.
Il va pouvoir déculpabiliser petit à petit maintenant.
Grâce à moi.
Je lâche doucement mon étreinte.
Je me tourne vers madame et lui tend la main. Elle m'en prête une, toute molle, toute moite. J'ai l'impression de dire au revoir à une bouillotte tiède.
Ensuite je regarde les enfants. Eux je ne les touche pas, je les regarde, pas plus. La petite grosse et son grand crétin de frère.
Je recule.
Je leur souris à tous.
C'est ça la classe.
Je me retourne et me dirige vers la porte d'entrée.
Je l'ouvre.
Je regarde le ciel et j'inspire une grande bouffée d'air frais.
Je m'apprête à sortir, mais je m'arrête net.
Je pense tout haut.
Deux mois de boulot pour rien.
Pendant un court instant, je ne bouge pas.
Oh et puis non ! Merde.
C'est trop facile.
Je me retourne lentement vers eux et leur lance...

-*Excusez-moi, vous permettez que j'aille vite aux toilettes avant de prendre la route ?*

Maison
Toussaint

2006 - en cours
Aywaille

*Damien
Juin 73*

Une maison pour un
couple avec deux enfants.
Inscription dans un
contexte particulier de
par son orientation (Sud à
rue), ses vues sur la vallée
de l'Amblève et par ses
contraintes réglementaires
(lotissement).
Travail sur la coupe et sur
le plan pour installer le
bâtiment en intelligence et
en sympathie avec le site.
Investissement particulier
sur le plan administratif
pour tenter d'installer
un dialogue autour de la
question de la singularité.
Débats à suivre.

*Brique terre cuite –
aluminium peint – zinc
prépatiné*

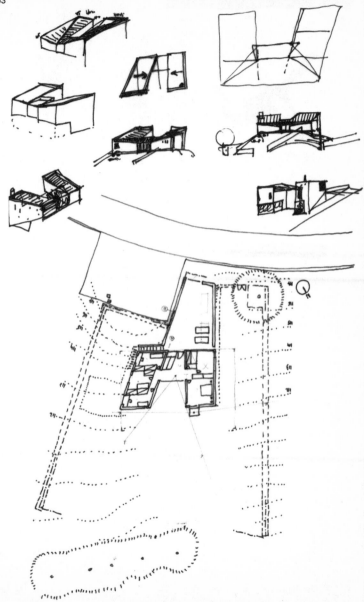

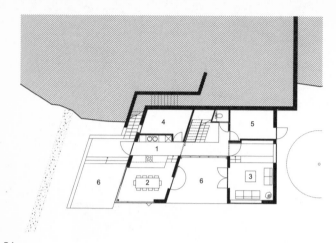

R-1
1 CUISINE
2 SALLE A MANGER
3 SEJOUR
4 BUANDERIE
5 CHAUFFERIE
6 TERRASSE

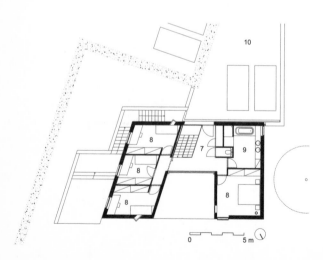

0   5 m

R0
7 ENTREE
8 CHAMBRE
9 SALLE DE BAIN
10 PARKING

FACADE OUEST

FACADE NORD

FACADE EST

FACADE SUD

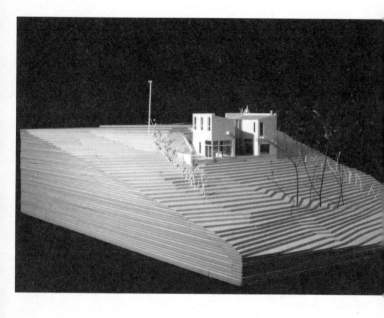

A home for a couple with two children.
Place within a setting with a remarkable orientation (South-facing on street), its views of the Amblève valley and the relevant building regulations (development). Work from every angle to ensure the building blends intelligently and sympatheti-cally into the site.
Give particular attention to administrative matters, in an attempt to establish a dialogue about the question of the building's uniqueness. Discussion following.

Terra Cotta brick – painted aluminium – pre-patina Zinc

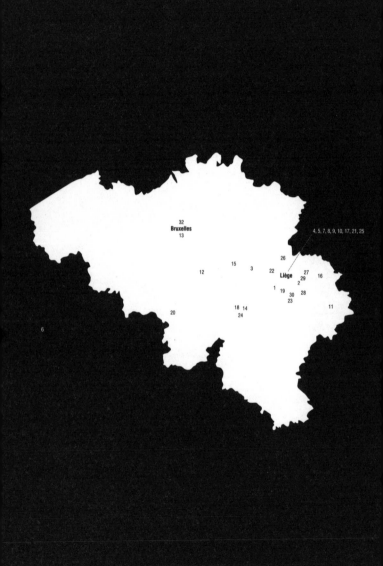

32
Bruxelles
13

4, 5, 7, 8, 9, 10, 17, 21, 25

26

15   3   22
12   **Liège**   27
                              29   16
                        2
            1   19   30   28
                        23
        18 14
20   24   11

6

Projets et réalisations
Projects & works

1998-2008

1 : Usine Air Liquide Seraing

Projet : 1998 - non réalisé

Lieu : Seraing B-4100
Rue de la Vieille
Espérance, 86

travaux d'entretien, intervention plastique
de l'artiste Jean Glibert / maintenance, Jean
Glibert work of art - not produced.

2 : Maison Verschueren

Projet : 1999 - 2002

Lieu : Fléron B-4620
Rue de Jupille, 88

extension

3 : Maison Colinet-Culot

Projet : 2000 - en attente

Lieu : Jeneffe B-5370
Rue J. Verdin, 18

transformation & extension

4 : Deux logements / Ville de Liège

Projet : 2001 - en cours

Lieu : Liège B-4000
Rue Saint-Laurent, 28

réhabilitation & reconstruction. Ass. mom.
avec l'architecte Pierre de Wit / renovation
& new build with Pierre de Wit architect

5 : Portail Laval « Au Péry »

Projet :	2001 - 2002
Lieu :	Liège B-4000 Rue du Péry, 96

nouveau portail à rue / new gate

6 : Entrepôts Laval-Lejeune

Projet :	2002 - non réalisé
Lieu :	Romainville F-93230 Allée Bellevue, 7

transformation d'un entrepôt / transformation of a warehouse - not produced

7 : Maison Verschueren-Caeymaex

Projet :	2002 - 2003
Lieu :	Liège B-4000 Rue Henri Maus, 193

transformation en ass. mom. avec l'architecte Niels Antoine / transformation with Niels Antoine architect

8 : Maison Carnevale-Bourhaba

Projet :	2003 - non réalisé
Lieu :	Liège B-4000 Place Henri Simon, 11

transformation / not produced

9 : Librairie Verschueren

Projet :	2003 - non réalisé
Lieu :	Liège B-4000
	Rue de la Violette

aménagement intérieur / inside work - not produced

10 : Maison Dejardin-Raucq

Projet :	2003 - 2005
Lieu :	Liège B-4000
	Rue Hullos, 24

transformation

11 : Tombe

Projet :	2004
Lieu :	Waimes B-4950
	Cimetière communal

tombe / grave

12 : Biennale d'art contemporain

Projet :	2004
Lieu :	Louvain-la-Neuve B-1348
	Bois de Lauzelle

installation en ass. avec le sculpteur Guy Laval / contemporary art installation with Guy Laval sculptor

13 : Maison de la Haye-Föhn

Projet :   2004 - 2005

Lieu :   Ixelles B-1050
Avenue Lepoutre, 9

transformation

14 : Maison Moura-Lallemand

Projet :   2004 - 2005

Lieu :   Vierset-Barse B-4577
Rue Haie de Barse, 18

transformation intérieure / inside transformation

15 : Maison Delanaye-Distexhe

Projet :   2004 - 2007

Lieu :   Bertrée B-4280
Rue Longue, 28

construction neuve / new build

16 : Centre d'accueil / Home Saint-François asbl

Projet :   2004 - non réalisé

Lieu :   Baelen B-4837
Allée Saint-François, 1

transformation – nouvelle entrée
/ transformation new entry - not produced

17 : Maison Dubart-Lamalle

Projet : 2004 - 2006

Lieu : Liège B-4020
Place Delcour, 21

transformation & extension

18 : Maison Navez

Projet : 2005 - non réalisé

Lieu : Marchin B-4570
Beau Séjour, 18

transformation / not produced

19 : Maison Janclaes

Projet : 2005 - 2007

Lieu : Tilff B-4130
Quai de l'Ourthe, 21a

transformation

20 : Tombe

Projet : 2005

Lieu : Marcinelles-Haies B-6001
Cimetière communal

tombe / grave

21 : Atelier d'architecture

Projet : 2005 - non réalisé

Lieu : Liège B-4000
Au Péry, 96

transformation / not produced

22 : Maison Delrée-Brose

Projet : 2006 - 2008

Lieu : Fooz B-4340
Rue J. Delmotte, 31

transformation

23 : Maison Mossay-Renard

Projet : 2006 - en attente

Lieu : Harzé B-4920
Sur le Gibet de Harzé, 10

transformation

24 : Maison Boughattas-Thyssen

Projet : 2006 - en cours

Lieu : Vyle-et-Tharoul 4570
Rue du Ruisseau, 5

extension

25 : Maison Michaux

Projet :	2006 - non réalisé
Lieu :	Liège B-4020
	Quai Bonaparte, 42

extension / not produced

26 : Maison Henquet-Decocq

Projet :	2006 - en cours
Lieu :	Fexhe-Slins B-4458
	Rue Neuve, 38

extension

27 : Maison Mathy-Thiergnesse

Projet :	2006 - en attente
Lieu :	Blegny B-4670
	Chemin de Chenestre, 1

transformation

28 : Maison Louis-Bernard

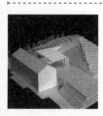

Projet :	2007 - en cours
Lieu :	Theux B-4910
	Chemin de Tancrémont, 21

extension

29 : Maison Lesenfants-Corongiu

Projet :   2007 - non réalisé

Lieu :   Tignée B-4630
Rue des Champs
de Tignée, 82

extension / not produced

30 : Maison Toussaint

Projet :   2007 - en cours

Lieu :   Septroux B-4920
Rue des Genêts, 2

construction neuve / new build

31 : Logements Favart-Favart

Projet :   2007 - non réalisé

Lieu :   Jalhay B-4845
Route de Balmoral, 5

construction neuve en ass. mom. avec
l'architecte Andrea Tenuta / new build with
Andrea Tenuta architect

32 : Hôtel du Greffe - Parlement de la Communauté française

Projet :   2008 - non sélectionné

Lieu :   Bruxelles B-1000
Rue de la Loi, 6

Réaménagement intérieur, concours / inside
work, competition - not produced

Pratiques culturelles/
Cultural practices

ATELIER D'ARCHITECTURE DAMIEN HENRY

DAMIEN HENRY (ARCH.)
COLLABORATEURS/ASSOCIATES : DIEUDONNE LEQUARRÉ (2007), SARAH HALIN (2007-)

COORDONNÉES/ADRESS : RUE ERNEST DE BAVIERE 8/0, B-4020 LIEGE
TEL/FAX: +32 (0)4 349 00 53 / DAMIEN.HENRY@MOBISTARMAIL.BE

PARTENAIRES/PARTNERS : NIELS ANTOINE (ARCHITECTE), NICOLAS BOMAL (PHOTOGRAPHE), JEAN GLIBERT (PLASTICIEN), GUY LAVAL (SCULPTEUR), EMMANUEL MASSART/DES IMAGES ASBL (RÉALISATEUR), EDDY COLINET (GRAPHISTE), PIERRE DE WIT (ARCHITECTE), ANDREA TENUTA (ARCHITECTE), B.E.L. (TECHNIQUES SPECIALES), B. LOURTIE (TECHNIQUES SPECIALES).

EXPOSITIONS, CONFÉRENCES/ EXHIBITIONS, CONFERENCES

2005 – février-mars – « Festival d'architecture,Tribune », première édition, ISA Saint-Luc de Wallonie, Liège – carte blanche à Emmanuel Massart (Des Images asbl) pour la réalisation du film « La fiction de l'architecte » ;
2008 – mai – « Architexto 6 », Liège.

ENSEIGNEMENT/TEACHING EXPERIENCE

2004-2005 – Participation aux jurys de l'ISA Saint-Luc de Wallonie, Liège.

FORMATION/TRAINING

1998-1999 – Initiation à la méthodologie spéciale du secondaire et du supérieur (UF11), Enseignement supérieur pédagogique de type court, Institut communal de formation continuée *Jonfosse* de la Ville de Liège.

CONCOURS/COMPETITIONS

2001 – Ville de Liège, appel d'offre pour la transformation et la réhabilitation lourde de deux logements sociaux (lauréat) – concours en association momentanée avec Pierre de Wit architecte ;
2002 – TechniPIERRE, salon de la pierre du Benelux – concours pour l'aménagement d'un rond point à Liège, en association avec le sculpteur Guy Laval ;
2003 – Prix de l'Urbanisme de la Ville de Liège – participation, en association avec Niels Antoine architecte ;
2006 – Ville de Liège, appel d'offre pour la rénovation d'un ensemble de logements – concours en association momentanée avec Pierre de Wit architecte ;
2007 – Promotion privée (Spa), appel d'offre pour un immeuble à appartements – concours en association momentanée avec Andrea Tenuta architecte ;
2008 – Parlement de la Communauté française Wallonie-Bruxelles, appel d'offre pour le réaménagement de l'accueil de l'Hôtel du Greffe, rue de la Loi, n° 6, B-1000 Bruxelles.

AUTRES ACTIVITÉS/
OTHER ACTIVITIES

1999, 2000 – Académie royale de Belgique, collaboration
à la recherche menée par les architectes Niels Antoine
et Sophie Dawance en Afrique de l'Ouest. Voyages
d'étude sur l'architecture traditionnelle et les mythes
cosmogoniques chez les Kasena (Burkina Fasso) et les
Senoufo (Côte-d'Ivoire) ;
1999, 2001 – Katholieke Universiteit Leuven, campagne
de fouilles archéologiques et mise en valeur de vestiges
du site de Sagalassos en Turquie. Reconstruction et
préservation d'un temple grec ;
2004 – Biennale d'Art contemporain d'Ottignies Louvain-
La-Neuve, « CONFIDENCE-EPHEMERE », installation
extérieure en association avec Guy Laval, sculpteur ;
2007 – Fondation de l'ASBL 811, à l'initiative de Niels
Antoine architecte. Rénovation de la cabine d'aiguillage 811
de la gare de Sourbrodt, petit patrimoine ferroviaire belge
sur ligne désaffectée reconvertie à l'avenir en RAVeL, pour
développer un projet de mobilité douce : un vélo-relais des
Hautes fagnes.

REMERCIEMENTS/
THANKS TO

Damien Henry :

A ma compagne et mes enfants ;
Aux collines boisées du pays de Fy qui accueillent mes pas
et libèrent mes pensées ;
Aux parents et amis indéfectibles ;

Aux clients qui par leur confiance nous donnent la
possibilité d'exercer ;
Aux artisans qui par leur savoir faire donnent l'âme à
l'ouvrage ;

A Bouli – pour ses histoires racontées en chemin ;
A Nicolas – pour le face à face ;

Aux entreprises qui ont accepté de participer
financièrement pour la qualité de la publication et de la
scénographie : Atelier MELENS-DEJARDIN – S.A. CLOSE –
Push The Button – S.C.P.R.L. Service & Gestion

Bouli Lanners :

C'est bien de dire merci.
Merci Brigitte "Rechnung" Van Den Bosche, merci Elise
mon coeur et merci mon bon Stef pour vos soutiens aussi
divers que réconfortants.

ARCHITEXTO
SOUTENIR LA CRÉATION ARCHITECTURALE
ARCHITEXTO
SUPPORTS ARCHITECTURAL CREATION

Une initiative de la Société Libre d'Emulation asbl, Liège
An initiative of « La Société Libre d'Emulation asbl, Liège »

Marie-Thérèse Vercheval, Présidente
Jeanne Levaux, promotrice du projet
Anne-Françoise Lemaire, coordinatrice

CO-PRODUCTION/CO-PRODUCTION :

Le Centre international pour la Ville, l'Architecture et le Paysage (CIVA), Bruxelles : pour les expositions et l'édition.
Christophe Pourtois, Directeur
Marie Vanhamme, Présidente

COMMISSARIAT GÉNÉRAL/COMMITTEE :

Pierre Hebbelinck, architecte, éditeur :
Directeur de projet/Project manager
Thomas Moor, historien :
Commissaire/Commissioner

COMMISSION DE SÉLECTION/SELECTION COMMITTEE :

Alain Delaunois, journaliste culturel, Liège
Pierre de Wit, architecte, Liège
Bernard Kormoss, architecte, Maastricht (NL)
Sophie Lebrun, journaliste, Liège
Norbert Nelles, architecte, Directeur de l'Institut Supérieur d'Architecture Saint-Luc de Wallonie, Liège

SCÉNOGRAPHIE INITIALE/FIRST SCENOGRAPHY :

Frédéric Richard, designer, Liège

GRAPHISME/GRAPHIC DESIGN :

design by **NovoLtd.eu**®

WEB/WEB DESIGN :

Nicolas Beaufays, interface graphique, Liège
Denis Cappelle, programmation, Bruxelles

DAMIEN HENRY = ARCHITECTE /ARCHITECT
+BOULI LANNERS CINÉASTE /MOVIEMAKER

L'EXPO/THE EXHIBITION :

2 mai - 24 mai 2008

Maison Renaissance,
rue Charles Magnette, 9, B-4000 Liège
Conception & scénographie/Conception & scenography :
Damien Henry architecte (Damien Henry) et Bouli Lanners

LE BOUQUIN/THE BOOK :

Conception/Conception : Nicolas Bebronne, Pierre
Hebbelinck, Thomas Moor, Pierre Geurts,
Damien Henry architecte (D. Henry) et B. Lanners
Suivi éditorial/Ed. follow-up : P. Hebbelinck, P. Geurts et T. Moor
Conception graphique/Graphic design : Nicolas Bebronne
Textes/Text : B. Lanners, D. Henry et Stéphane Liberski
(quatrième de couverture)
Relecture/Second reading : T. Moor
Colophon/Colofon : T. Moor
Traduction anglaise/English translation : D&V Translation
Agency, Brussels
**Ce livre a fait l'objet d'une commande photographique
à Nicolas Bomal**/The photographs were commissioned to
Nicolas Bomal.

Impression/Printing : AZ Print, Grâce-Hollogne

Edition-Diffusion/Publishing-Diffusion :
Fourre-Tout/ Atelier d'architecture Pierre Hebbelinck,
Pierre Hebbelinck, Pierre de Wit, architectes
Pierre Geurts, responsable
Rue Fond Pirette, 41-43
4000 Liège (Belgique)

t + 32 (0) 4 226 53 26
f + 32 (0) 4 224 06 18

www.pierrehebbelinck.net/fourretout

Co-édition/Co-edition :
CIVA - www.civa.be

Dépôt légal : D/2008/10.235/2
ISBN : 978-2-930525-00-6

Ce livre a été présenté à l'ouverture de l'expo « Damien Henry, architectes + Bouli Lanners, cinéaste » à Liège, le 30 avril 2008, et a été achevé d'imprimer en avril 2008 sur les presses de l'imprimerie AZ-Print, pour le compte des éditions Fourre-Tout.

Il en a été tiré 1000 exemplaires sur papier *Edition bouffant «Munken Print 18», blanc crème.*

Ce tirage constitue l'édition originale.

Chez le même éditeur/From the same publisher :

ARCHITEXTO remercie tout particulièrement
/ARCHITEXTO specially thanks :

Céline Babitz; Marcelline Bosquillon, CIVA; Jean-Pierre Burton, Liège-Province Culture; Jacques-Henri Bronckart, Versus production; Robert Carabin, Directeur en chef, Service Culture de la Province de Liège; Alain Claes, Print-Up; Philippe Coenegrachts, Liège-Province Culture; Gaëtan Collignon, AZ Print; Audrey Contesse, A+; Chantal Dassonville, Directrice générale adjointe f.f. Communauté française Wallonie-Bruxelles (CFWB); Guy Dehalu, Secrétaire gén. Société Libre d'Emulation; Jacqueline Depierreux, Directrice Fédération du Tourisme de la Province de Liège (FTPL); Stefan Devoldere, Rédacteur en chef A+; Pierre Geurts, Editions Fourre-Tout; Christine Guillaume, Directrice générale f.f. CFWB; Marti Kerkay, Directrice W'allons-nous; Patrice Legros, FTPL; Anne Lenoir, Directrice du Service culturel CGRI-DRI; Fabienne Merkelbag, Chargé de mission CFWB; Paul-Emile Mottard, Député provincial Liège-Province Culture; Jean-Luc Outers, Directeur du Service de la Promotion des Lettres au CFWB; Luc Partoune, Directeur de Liège Airport; Dorothée Pereira, D&V Translation Agency; Pierre Pichault, Firket-Brandenberg-Crahay-Pichault & associés; Christophe Pourtois, Directeur du CIVA; Nicolas Sacré, Versus production; Marie Vanhamme, Présidente du CIVA; Jean-Yves Weykmans, W'allons-nous.

Crédits images/Image credits : Damien Henry, except p. 62.
Crédits photographiques/Photo credits : Annick Toussaint (p. 20), Damien Henry (p. 21-23, 40, 42-43, 54, 56, 58-59, 82, 86-87, 99, 114, 160/1, 164/17, 165/22-23), Nicolas Bomal (p. 24-36, 38, 44, 46, 48, 50-52, 60, 63, 66-67, 80, 83, 86-87, 88, 90, 94-95, 96, 98, 104-106, 108-109, 112-113, 116-118, 122-123, 132, 136, 150, 156-157, 161/7, 164/19, 165/21, 165/23, 166/25-26-28, 167/30)

AVEC LE SOUTIEN DE LA PROVINCE DE LIEGE, DE SON SERVICE CULTURE ET DE LA FEDERATION DU TOURISME